Christian Hablützel (Hrsg.)

# Witze zur Advents- und Weihnachtszeit

AF272136

Christian Hablützel (Hrsg.)

# Witze

## zur Advents- und Weihnachtszeit

Bibliografische Information der Deutschen Nationalbibliothek: Die Deutsche Nationalbibliothek verzeichnet diese Publikation in der Deutschen Nationalbibliografie; detaillierte bibliografische Daten sind im Internet über http://dnb.dnb.de abrufbar.

Herausgeber: Christian Hablützel
Illustration & Cover Gestaltung: Christian Hablützel
Fotos Titelbild: Fotosearch.de
Verlag: Lachdichgesund GmbH, CH-8004 Zürich

1. Auflage, Dezember 2020

Herstellung:
BoD – Books on Demand, Norderstedt

ISBN: 978-3-9524673-2-9

# Viel Spass beim Lesen und Lachen!

## Weihnachtsmarkt

Treffen sich zwei Frauen: „Ich war gestern mit meinem Mann auf dem Weihnachtsmarkt." – „Und, bist du ihn losgeworden?"

## Wunsch

Fragt die Oma ihren Enkel: „Was für ein Buch wünschst du dir zu Weihnachten?" Darauf der Enkel ganz entschieden: „Dein Sparbuch!"

## Weihnachts-Gans

"Schatz, diese Weihnachten kümmerst du dich bitte um die Gans."- "Aber warum, es ist doch deine Mutter."

## Vertrauen

Vater: „Michel, zünde doch bitte den Christbaum an!" Nach einer Weile fragt Michel: „Vati, die Kerzen auch?"

## Verspätung

Sohn: "Papa, weißt du welcher Zug am meisten Verspätung hat?"
Vater: "Nein." Sohn: "Der, den du mir letztes Jahr zu Weihnachten schenken wolltest!"

## Wortspielerei

"Wer kann einen Satz mit Weihnachtsfest bilden?" Fritzchen: "Der Elch hält sein Geweih nachts fest."

## Hauptbahnhof Berlin

An Weihnachten bekommt der kleine Nils eine Spielzeugeisenbahn. Er baut sie sofort auf, zieht sich eine Lokführermütze an und ruft: „Hauptbahnhof Berlin, Hauptbahnhof Berlin – kleine Arschlöcher links einsteigen, große Arschlöcher rechts einsteigen." Schnell kommt seine Mutter aus der Küche gelaufen: „Das sagt man nicht, Nils. Zur Strafe gehst du jetzt eine Stunde in dein Zimmer!" Nach einer Stunde kommt der kleine Nils aus seinem Zimmer zurück, geht an die Eisenbahn und ruft: „Hauptbahnhof Berlin, Berliner Hauptbahnhof – kleine Arschlöcher links einsteigen, große Arschlöcher rechts einsteigen und wegen dem Riesenarschloch aus der Küche haben wir eine Stunde Verspätung."

## Das schönste Weihnachtsgeschenk

„Ach Oma, die Trommel von dir war wirklich mein schönstes Weihnachtsgeschenk." „Tatsächlich?", freut sich Oma.
„Ja, Mami gibt mir jeden Tag zwei Euro, wenn ich nicht darauf spiele!"

## Politiker

Wer waren die ersten Politiker? Die heiligen 3 Könige! Sie legten ihre Arbeit nieder, zogen schöne Gewänder an und gingen auf Reisen.

## Überraschung

Sagt der kleine Laurent zu seiner Mutter: „Du kannst die Eisenbahn von meinem Wunschzettel streichen, ich habe gestern zufällig eine im Schrank gefunden!"

## Auf der Weide

Eine Kuh wackelt die ganze Zeit heftig mit ihrem Euter. Da fragt ihre Freundin erstaunt: „Übst du einen neuen Tanz ein?" „Nee, morgen ist doch Weihnachten und ich schlage schon mal die Sahne für den Weihnachtskuchen!"

## Altersweise!

Zwei alte Männer sitzen zusammen auf einer Parkbank. Fragt der eine: „Warum findest du jetzt Weihnachten schöner als Sex?" Der andere: „Weihnachten ist öfter!"

## Klare Linie

Die Mottenmutter mahnt an Heiligabend ihre Kinder: „Nur, dass es klar ist, wer keine Wollsocken frisst, bekommt auch nichts vom Kaschmirschal!"

## Geschenke

Vater zum Sohn: „Wer bringt an Weihnachten die Geschenke?" Sohn: „Amazon!" Vater: „Nein, ich meine den dicken Mann mit dem Bart." Sohn: „Ach so, der Postbote!"

## Geniale Idee

„Was schenkst du deiner Geliebten zu Weihnachten?" „Eine Kette." „Oh, geniale Idee! Meine läuft auch immer weg!"

## Blondinen

Zwei Blondinen sind im Wald und suchen nach dem passenden Weihnachtsbaum. Nach etwa zwei Stunden sagt die eine: „Komm, wir nehmen einfach eine Tanne ohne Weihnachtskugeln."

## Weihnachtswunsch

Ein Mann fragt seine Frau: „Schatz, was wünschst du dir denn zu Weihnachten?"
Die Frau: „Die Scheidung!"
Er: „Na, soviel wollte ich eigentlich nicht ausgeben!"

## Suche nach der Herberge

Josef und Maria sind auf Herbergssuche. Leicht genervt klopft Josef an die zwölfte Tür. Der Wirt öffnet, es entsteht folgender Dialog: Josef: „Habt Ihr Quartier für mich und meine Frau?" Wirt: „Nein, alles ausgebucht!" Josef: „Aber seht doch, meine Frau ist hochschwanger!" Wirt: „Da kann ich doch nichts für..." Josef: „Ich doch auch nicht!"

## Sorgen

„Ich bin sehr besorgt um meine Frau. Sie ist bei diesem schlimmen Schneetreiben in die Stadt gegangen." – „Na, sie wird schon in irgendeinem Geschäft Unterschlupf gefunden haben." – „Eben darum bin ich ja so besorgt!"

## Aufklärung

Vater klärt seinen Sohn auf: „Du sollst es nun endlich erfahren: Der Weihnachtsmann und der Osterhase, das bin immer ich gewesen." – „Weiß ich doch längst, Papa", beruhigt ihn der Sohn. „Nur der Storch, das war Onkel Werner."

## Engelwitz

Was geschieht mit einem Engel, wenn er in einen Misthaufen fällt? Er erhält Kotflügel!

## Franzosen und Weihnachten

Warum sind die Franzosen am 24. Dezember so hektisch? - Sie können kein „h" aussprechen. Deshalb haben sie keinen Heiligen Abend, sondern einen Eiligen Abend.

## Dumm gelaufen

„Oh je – das ist jetzt aber dumm gelaufen: Die Weihnachtspäckchen sind vertauscht worden," sagt der Chef, als seine Sekretärin einen Kochtopf auspackt. „Jetzt hat meine Frau den Brillantring!"

## Weihnachtsgebäck

Treffen sich zwei Rosinen. Die eine hat einen Schutzhelm auf, fragt die andere verwirrt: " Wieso trägst du diesen Helm?". Meint die eine: „Ich gehe gleich in den STOLLEN."

## Zur Feier des Tages

Auf einer Kreuzung stoßen am Heilig Abend zwei Autos zusammen. Ein Polizist kommt und zückt seinen Notizblock. Darauf der eine Fahrer: „Aber Herr Polizist, man wird doch wohl noch auf das Weihnachtsfest anstoßen dürfen!"

## Lob vom Chef

Müller wird Anfang Dezember zum Chef gerufen „Ich möchte mich bei Ihnen ganz herzlich für Ihre Mitarbeit bedanken! Sie waren fleissig, zuverlässig, ehrlich..." Müller: „Liege ich richtig in der Annahme, dass es heuer kein Weihnachtsgeld gibt?" Der Chef unterbricht Müller: „....und intelligent!"

## Brief an den Weihnachtsmann

Die Beamten bei der Post öffnen einen Brief, der an den „Weihnachtsmann" adressiert ist! Ein Beamter beginnt zu lesen.... „Lieber Weihnachtsmann, ich bin 10 Jahre alt und Vollwaise. Hier im Heim bekommen immer alle Kinder tolle Geschenke, nur ich nicht! Ich wünsche mir so sehr einen Füller, eine Mappe und ein Lineal." Die Beamten sind sehr gerührt und sammeln untereinander. Leider reicht es nur für einen Füller und eine Mappe. Nach 3 Wochen kommt wieder ein Brief vom gleichen Mädchen. Sofort wird der Brief geöffnet und vorgelesen: „Lieber Weihnachtsmann! Vielen lieben Dank für die schönen Geschenke, ich habe mich sehr darüber gefreut! Leider hat das Lineal gefehlt, aber das haben bestimmt die Idioten von der Post geklaut!"

## Horrorvorstellung

Stell dir vor, Du fährst mit dem Auto und hältst eine konstante Geschwindigkeit. Auf deiner linken Seite befindet sich ein Abhang. Auf deiner rechten Seite fährt ein riesiges Feuerwehrauto und hält die gleiche Geschwindigkeit wie du. Vor dir galoppiert ein Schwein, das eindeutig grösser ist als dein Auto und du kannst nicht daran vorbei fahren! Hinter dir verfolgt dich ein Hubschrauber auf Bodenhöhe! Das Schwein und der Hubschrauber haben exakt deine Geschwindigkeit. Was unternimmst du, um dieser Situation gefahrlos zu entkommen?

„Vom Kinderkarussell absteigen und weniger Glühwein saufen!"

## Wissen

Wie heißen die Fußballschuhe von Jesus?
Antwort: „Christstollen!"

## Erinnerungen

Barbara schwelgt in Erinnerungen: „Als
Kind liebte ich es, an Winterabenden in der
Stube vor knisterndem Feuer zu sitzen.
Leider gefiel das meinem Vater nicht. Er
hat es verboten." - „Warum denn?" -
„Nun. wir hatten keinen Kamin!"

## Reihenfolge

Wo kommt Silvester vor Weihnachten?
Anwort: „Im Wörterbuch!"

## Missverständnis

Der Papa fragt den kleinen Dani was er
sich zu Weihnachten wünscht: „Ich

wünsche mir einen Globus!" Der Papa ist erst erstaunt, fasst sich dann aber gleich wieder und ruft laut und bestimmt: „Kommt nicht in Frage! In die Schule fährst Du mit dem Schulbus und auf's Klo gehst Du zu Hause!"

## Besinnliches Gedicht

Der Gabentisch war öd und leer. Die Kinder glotzten blöd umher. Da liess der Vater einen krachen und alle Kinder mussten lachen. So kann man auch mit kleinen Dingen, vielen Kindern Freude bringen!

## Geschicklichkeit

"Ich habe ein Geschicklichkeitsspiel zu Weihnachten bekommen."- "Und wie ist es?" "Wüsste ich auch gerne, aber ich bekomme die Verpackung nicht auf."

## Weihnachtsgottesdienst

Es sagte der Pastor beim Weihnachtsgottesdienst: „Leider kann unser Organist heute nicht spielen. Daher stimme ich jetzt das Lied Nummer 244 an und danach fällt die ganze Kirche ein!"

## Zwei Freunde tauschen sich aus

„Ach, ich weiß nicht, was ich meiner geliebten Frau schönes zu Weihnachten schenken soll",meint der Freund zum anderen. „Dann frag sie doch einfach", ermutigt ihn sein Freund. „So viel wollte ich nun auch nicht ausgeben."

## Wunscherfüllung

Tochter: „Mama, Mama ich will zu Weihnachten ein schönes Pony mit einer Schleife!" Mutter: „Gut, dann gehen wir zu Heiligabend zum Friseur!"

## Scheinheilig

Scheinheilig ist, wenn man das ganze Jahr die Pille nimmt und zu Weihnachten singt: „Ihr Kinderlein kommet…"

## Krippenspiel

Krippenspiel in der Kirche. Der kleine Detlev geht zur Krippe, nimmt das Jesuskind aus dem Stroh und sagt zu ihm: „So, wenn ich dieses Mal zu Weihnachten keine Playstation kriege, dann wirst Du Deine Eltern nie wieder sehen!"

## Fund

Ein Weihnachtsmann, ein ehrlicher Politiker und ein fleissiger Beamter sehen auf der Strasse einen 100-Dollar-Schein liegen. Wer hebt ihn heimlich auf? Der Weihnachtsmann – die anderen beiden gibt es gar nicht!

## Höflich

Peter ruft seine Tante an: „Ich danke dir für das Geschenk, das du mir zu Weihnachten geschickt hast." – „Ach", erwidert die Tante, „das ist doch nicht der Rede wert." – „Der Meinung war ich auch", entgegnet Peter, „aber Mami meinte, ich müsste mich auf alle Fälle bei dir bedanken."

## Eine echte Überraschung

Unterhaltung kurz nach Weihnachten: „Sag mal, war eigentlich unter deinen Weihnachtsgeschenken auch eine echte Überraschung?" Antwort: „Aber ja! Ich bekam von meinem Chef eine CD, die ich meinem Arbeitskollegen Schneider vor Jahren geliehen hatte!"

## Vater`s Weihnachtswunsch

Ein Vater wünscht sich auf Weihnachten von seinem Sohn endlich bessere Schulnoten. Woraufhin der Sohn meint: „Das geht leider erst im nächsten Jahr wieder! Denn diese Weihnachten habe ich schon etwas anderes für dich gekauft!"

## Glaube

Kind: „Mama, was krieg ich tolles zu Weihnachten?"
Mama: „Du bekommst das, was der Weihnachtsmann dir bringt!"
Kind: „Aber den Weihnachtsmann gibt es doch gar nicht."
Mama: „Tja, dann sieht es leider nicht gut für dich aus!"

## Undankbar!

Nach der Bescherung schimpft die Frau mit ihrem Mann: „Ich verstehe dich nicht. Seit Jahren schenke ich dir zu Weihnachten karierte Krawatten. Und plötzlich gefallen sie dir nicht mehr!"

## Nationalität

Welche Nationalität hat der Weihnachtsmann?
Antwort: „Er ist Nordpole!"

## Geheimnis

Der kleine Thomas zu seinem Vater: „Kannst du bitte der Mama nicht verraten, dass ich ihr zu Weihnachten eine Tafel Schokolade gekauft habe?" – „Natürlich, ich schweige wie ein Grab. Das soll eine Überraschung werden, stimmt's?" – „Nein. Ich hab sie schon aufgegessen!"

## Logisch!

Warum benutzt der Weihnachtsmann Rentiere, um sein Schlitten zu ziehen? Anwort: „Weil Schlittenhunde nicht fliegen können!"

## Spieglein, Spieglein an der Wand

Was macht die Blondine mit zwei Kerzen vor sich am Spiegel? Anwort: „Sie feiert den 4. Advent!"

## Gedankenspiel

Was wäre, wenn Weihnachten nicht vor über 2000 Jahren, sondern heute stattgefunden hätte? - Säugling in Stall gefunden: Polizei und Jugendamt ermitteln. Fazit: zotteliger Schreiner aus Nazareth und unmündige Mutter vorläufig festgenommen.

## Vom Christkind

Steht ein kleines Mädchen mit seinem neuen Fahrrad an der Ampel. Da kommt ein Polizist zu Pferd angeritten und fragt: „Na, hast du das Fahrrad vom Christkind bekommen?" Das Mädchen antwortet: „Ja, habe ich!" Darauf der Polizist: „Entschuldige, aber ich muss Dir leider 20 Euro abnehmen. Sag dem Christkind nächstes Jahr, es soll dir ein Fahrrad mit Reflektoren schenken, okay?" Da fragt das Mädchen: „Haben Sie das Pferd auch vom Christkind bekommen?" Der Polizist überlegt kurz und nickt dann. Darauf das Mädchen: "Na, dann sagen Sie dem Christkind nächstes Jahr, das Arschloch kommt hinten hin und nicht oben drauf!"

## Name

Wie nennt man einen alten Schneemann? „Ganz einfach: Pfütze!"

## Mutter-Tochter Gespräch

„Mutti, können Engel fliegen?" – „Ja, meine Kleine, Engel können fliegen!" – „Aber Susi kann doch nicht fliegen?" – „Nein, Susi ist doch unser Hausmädchen!" – „Aber Papa sagt zu ihr, sie sei ein süßer Engel!" – „Dann fliegt sie!"

## Familienüberraschung

Der Familienvater will seine kleine Tochter zu Weihnachten überraschen. Er leiht sich ein Weihnachtsmannkostüm, zieht es sich heimlich an, nimmt Sack und Rute und geht in das Wohnzimmer:
„Von draußen, vom Walde komm ich her. Ich muss euch sagen, es Weihnachtet sehr und überall auf den Tannenspitzen sah ich die goldenen Lichtlein blitzen."
Darauf die Tochter zur Mutter: „Mama, ist Papa wieder mal betrunken?"

## Süssigkeiten

Die Oma schenkt der kleinen Leandra einen 20-Euroschein zu Weihnachten. Dabei sagt sie streng zu ihr: „Dass du mir aber ja keine Süssigkeiten dafür kaufst!" Leandra ist erstaunt: „Ach Omi, wie käme ich denn dazu, dir Süssigkeiten für Weihnachten zu kaufen!"

## Gleicher Meinung

Sarah und Flurin streiten sich ausgerechnet an Heiligabend um die Weihnachtskekse. Die Mutter ist völlig entnervt: „Könnt ihr denn nicht ein einziges Mal einer Meinung sein!!?" Die Kinder: „Sind wir doch – wir wollen beide die gleichen Kekse!"

## Frage an den Nikolaus

Fragt der kleine Junge den Nikolaus: „Du, Nikolaus, musst Du Dein Gesicht eigentlich auch waschen oder nur kämmen?"

## Die Idee!

„Ich habe deine Facebook-Einträge gelesen. Jetzt weiss ich endlich, was ich dir zu Weihnachten schenke: Du bekommst von mir einen Duden!"

## Männer

Warum feiern wir eigentlich Weihnachten...?
Es kommt doch jeden Tag vor das ein Mann geboren wird, der sich später für Gott hält!

## Mitteilungsbedürfnis

Im Stau - ein Fahrer hupt wie verrückt. Aus dem nebenstehenden Auto beugt sich eine Frau heraus und erkundigt sich: „Und was haben Sie sonst noch zu Weihnachten bekommen?"


## Abendgebet

Am Abend vor dem vierten Advent. Fritzchen betet wie gewöhnlich sein Abendgebet. Plötzlich ruft er ganz laut: „Und dann, lieber Gott, mach doch bitte, dass ich zu Weihnachten ein Fahrrad und ein Indianerbuch bekomme!" „Warum schreist du so, will die Mutter wissen, der liebe Gott ist doch nicht schwerhörig." „Der liebe Gott nicht," sagt Simon, „aber der Opa nebenan!"

Er liegt immer zur gleichen Jahreszeit mit einer
schweren Krippe im Bett!

## Zuviel

„Ich habe meinem Vater zu Weihnachten so viel geschenkt, dass er es auf einmal nicht tragen kann!" „Und - was denn?"„Zwei Krawatten!"

## Männer-Talk

Drei Männer unterhalten sich darüber, was sie mit ihrem Weihnachtsgeld machen werden:

Nr. 1: „Ich arbeite bei der Deutschen Bank, kaufe ein Auto und fahre von dem Rest in Urlaub!"

Nr. 2: „Ich arbeite bei Daimler Chrysler, lass unser Schwimmbad ausbauen und mache mit dem Rest eine Weltreise!"

Nr. 3: „Ich bin Beamter, kaufe mir vom Weihnachtsgeld einen Pullover."

Die anderen drauf hin : "Und der Rest??? – „Den gibt mir meine Mutter dazu!"

## Weihnachtsgeschichte

Die Oma erzählt ihrer fünfjährigen Enkelin die Geschichte von der Geburt des Jesuskindes. Sie hat dazu ein Krippenbild aufgestellt, das aber nur Maria mit dem Kind in der Krippe darstellt. „Wo ist denn der heilige Josef?" Das will die Kleine wissen, gibt sich aber selbst gleich die Antwort: „Ach, ich weiß, der musste ja das Foto knipsen!"

## Unterschied

Was ist der Unterschied zwischen einer Ehefrau und dem Christkind?
„Das Christkind muss nur eine Nacht im Jahr neben dem Esel schlafen!"

## Tanzen

Wo tanzen Schneemänner? „Auf einem Schneeball!"

## Supermarkt

Dagobert hat seiner Frau endlich mal ein Smartphone zu Weihnachten geschenkt und versucht nun, sie beim Einkaufen zu erreichen.

„Juhu Dagobert, es klappt," ruft sie erstaunt ins Smartphone: „woher weißt du, dass ich gerade im Supermarkt bin ?"

## Geschenk für die Frau

Zwei Arbeiter in Deutschland unterhalten sich darüber, was sie ihren Frauen zu Weihnachten schenken wollen. „Meine Frau bekommt zu Weihnachten einen neuen Mantel und eine Kette."

„Geld für eine Kette hast du noch übrig, obwohl wir immer weniger Lohn bekommen und alles teurer wird?" Der andere: „So schlimm ist das nicht. Ist ja für ihr Fahrrad!"

## Bitte an den Weihnachtsmann

Fritzchen schreibt auch dieses Jahr wieder einen Wunschzettel an den Weihnachtsmann: „Lieber Weihnachtsmann, schicke die Geschenke heuer bitte direkt an mich und nicht an meine Eltern. Die hatten doch glatt das IPhone voriges Jahr für sich behalten."

## Untröstlich!

Es ist Sommer. Zwei Männer unterhalten sich in den Badehosen im Seebad: „Ich halte das bald nicht mehr aus, meine Frau nörgelt seit einem halben Jahr an mir herum!" Fragt der andere: „Weshalb denn?" Antwort: „Sie will unbedingt, dass ich den Weihnachtsbaum wegräume!"

## verliebt

Sie unterm Weihnachtsbaum:
„Küsse mich noch einmal und ich gehöre
dir für immer!" Er: „Danke für die
Warnung."

## Eisbären

Warum tragen Eisbären ein Fell? Weil sie
in einer Winterjacke blöd aussehen.

## Verlobung

Klein Fritzchen zu seinem Vater:
„Was ist denn eigentlich eine Verlobung?"
Der Papa erklärt: „Eine Verlobung ist,
wenn dir der Weihnachtsmann ein Fahrrad
schenkt, du aber erst zu Ostern damit
fahren darfst." Daraufhin Fritzchen: „Aber
ein wenig klingeln wird man ja schon
vorher dürfen!"

## Grosser Weihnachtswunsch

Der Papa sagt zu seinem Sohn Tobi: „Was wünschst du dir denn zu Weihnachten?" Tobi: „Ich wünsche mir schon lange einen Hund!" Der Papa: „Nein, das geht leider nicht. Hast du einen anderen Wunsch?" Der Kleine: „Na gut, dann möchte ich einen Tag lang dein Papa sein und du bist mein Sohn." Papa: „Gut, das können wir machen." Tobi: „Also Papa, zieh' dich mal schnell an! Wir fahren jetzt ins Tierheim und holen einen Hund!"

## Phasen eines Männerlebens

Es gibt 4 Phasen im Laufe eines Männerlebens: 1. Du glaubst an den Weihnachtsmann. 2. Du glaubst nicht mehr an den Weihnachtsmann. 3. Du bist der Weihnachtsmann. 4. Du siehst aus, wie ein Weihnachtsmann!

## Gemüse

Wie nennt man einen dünnen
Weihnachtsmann?
Antwort: „einen Nikolauch!"

## Bitte an das Christkind

Nach dem Gertrud nach den Weihnachten
wieder zugenommen hat, schreibt sie
genervt dem Christkind: „Liebes
Christkind, bitte nächstes Jahr nicht
wieder alles durcheinander bringen: Konto
FETT – Ich schlank!!!

## Christbaumkauf

Eine Freundin zur andern: „Ich verstehe
das nicht. Mein Mann hat mir Fr. 500.-
gegeben, damit ich einen Christbaum und
Baumschmuck besorge. Er meinte, mit
dem Geld das übrig bleibt, könne ich mir
Klamotten kaufen. Jetzt ist er völlig sauer,
weil ihm der Baum nicht gefällt!"

## Entschuldigungsschreiben

Der kleine Nils geht morgens vor der Schule direkt zur Lehrerin, steckt ihr einen Brief zu und meint: „Ich soll Ihnen einen schönen Gruss von Marco ausrichten, er kann heute leider nicht zur Schule kommen." Sie öffnet den Brief und beginnt zu lesen: „Liebe Frau Gerber, ich kann heute leider nicht zur Schule kommen denn das Türchen vom Adventskalender klemmt!"

## Austausch unter Freunden

Zwei Freunde treffen sich. Fragt Franz den Fritz: „Na, wie war euer Weihnachtsessen gestern?" Fritz: „Leider nicht so toll! Wenn die Suppe so warm gewesen wäre wie der Wein, der Wein so alt wie die Gans und die Gans so fett wie die Gastgeberin, dann hätte man es ein Festessen nennen können."

## hungrig

„Mama, darf ich zwei Stück Christstollen haben?" –„Natürlich, mein Lieber. Warte, ich schneide dein Stück auseinander."

## Kompliment

Sagt der Mann zu seiner Frau: „Die Weihnachtsfeier war so schön, sing uns doch noch etwas vor!" Sie: „Aber die Gäste wollen doch schon gehen!"
Der Mann: „Ja, aber noch nicht schnell genug!"

## Vor Bethlehem

Nach einer langen Reise, stehen die heiligen drei Könige auf dem Hügel vor Bethlehem und schauen auf die Stadt herunter. Melchior: „Wenn die Unterkunft einen Stern hat, warum steht sie dann nicht im Hotelführer?!"

# Weihnachtskonzert

Am Weihnachtssonntag findet im Saal der Landeskirche ein Konzert statt. Während das Orchester spielt, springt in der letzten Reihe ein Mann auf und ruft laut: „Ist ein Arzt hier im Saal?" Der Dirigent erstarrt, das Orchester kommt fast aus dem Takt. „Ist ein Arzt im Saal?" wiederholt der Mann aus der letzten Reihe. Niemand meldet sich. „Ist hier denn wirklich kein Arzt im Saal?" ,fragt der Störer noch mal. Dirigent und Orchester sind nun vollends irritiert. Schließlich steht ein Herr in der ersten Reihe auf, dreht sich um und ruft sichtlich verärgert: „Ich bin Arzt, was ist denn?" Da sagt der Mann aus der letzten Reihe: „Ist das nicht ein herrliches Konzert, Herr Kollege!?!"

## Warteschlange

Vor dem Stall in Bethlehem stehen die Hirten mit ihren Schafen Schlange. Fragt ein Schaf das andere: "Wie spät ist es eigentlich?" Das andere Schaf antwortet: „Sag mal bist du blöd, wir können doch gar nicht reden!"

## In der Garage

„Soll ich neue Kerzen in Ihren Wagen einsetzen?" „Was - wieso? Ist denn schon wieder Weihnachten?"

## Entdeckung

Während Maria, Joseph und das Jesuskind im Stroh schlafen, huscht das Mäusekind mit der Mama durch den Stall. Das Mäusekind zeigt begeistert auf die Fledermäuse, die im Stall umherflattern und ruft: „Mama, Mama – schau da sind die Engel!"

## Der kleine Junge

In der Schule zeichnet der kleine Anton das Jesuskind in einer Krippe. Maria und Joseph zeichnet er am Boden liegend und dazu steht ein kleiner Junge mit einem fröhlichen Gesichtsausdruck neben der Krippe. Der Lehrer fragt seinen Schüler neugierig: „Wer ist denn dieser Junge?" Anton: „Das ist Owi! Im Weihnachtslied heisst es doch „alles schläft - Owi lacht!"

## Erster Kirchenbesuch

Die kleine Julia darf an Weihnachten zum ersten mal die Kirche besuchen. Als die Messe aus war, fragte der Vater die kleine Julia „Was hat dir am besten gefallen?" Darauf Julia: „Wie alle gesungen haben Hallo Julia!!!"

## Neuorientierung

In Bethlehem steht das Kamel von den drei heiligen Königen vor dem Stall. Es hat die Nase voll von dem ständigen herumreisen und will sich selbstständig machen. Der Ochse ist bereit in das Geschäft einzusteigen. Das Kamel zum Ochsen: „Ich habe mir gedacht, wir machen eine Milchbar auf!" Der Ochse: „Ah ja, und wie stellst du dir das vor?" Das Kamel: „Du besorgst die Milch und ich die Hocker!"

## Frühreif

Die Oma fragt ihre Enkelin, was sie sich denn zu Weihnachten wünscht.
„Ich wünsche mir die Pille," meint die Kleine. Oma ist schockiert: „Wie bitte... wozu denn?" – „Ach Oma verstehe doch.... ich habe schon soooo viele Puppen und will keine mehr!"

## Gebet

Der Mann sagt abends zu seiner Frau:
„Geh doch mal gucken, ich glaube unser
Kind ist wieder wach." Die Mutter geht
zum Kinderzimmer und hört ihre Tochter
leise beten: „Liebes Christkind, bitte
schenke mir dieses Jahr zu Weihnachten
ein Barbie Haus und all den armen Frauen
auf Papa`s Computer was zum anziehen!"

## Verfolgung

Ein Polizist im stehenden Polizeiauto wird
aus seinem Nickerchen geweckt, als der
Weihnachtsmann mit seinem Schlitten
laut scheppernd an ihm vorbeirast. Der
Polizist nimmt sofort die Verfolgung auf.
Als er ihn einholt, ruft er dem Weihnachts-
mann zu: „Herr Weihnachtsmann! Was ist
denn mit ihrem Schlitten los?" Der
Weihnachtsmann ruft zurück: „Nichts!
Aber mit den Rentieren – die haben
Schluckauf!"

## Allwissend

„Mama, woher weiss das Christkind
eigentlich ob ich brav war?"
– „Über Facebook, mein Kind!"

## Wunsch

Der kleine Nils wünscht sich zu
Weihnachten eine Trompete. Doch sein
Vater will nichts davon wissen:
„Meinst du, ich will dann den ganzen Tag
diesen Krach anhören?" Der kleine Nils will
seinen Vater beruhigen: „Nein,  hab keine
Sorge! Ich verspreche dir, dass ich nur
darauf spiele, wenn du schläfst"

## Blondinen Gespräch

Zwei Blondinen treffen sich zur
Adventszeit. Sagt die eine: „Dieses Jahr ist
Heiligabend an einem Freitag!" Sagt die
andere: „Hoffentlich nicht an einem
13ten!"

## Erkannt!

Nachdem auch die drei heiligen Könige den Stall in Bethlehem wieder verlassen haben, bleibt nur noch ein Hirte mit seiner grossen Schafherde zurück. Da kommt ein schicker Sportwagen angefahren. Ein junger Anzugträger mit kurzem Haar steigt aus und läuft schnurstracks in den Stall, um das Jesuskind zu sehen. Als er wieder raus kommt, geht er auf den Hirten zu und fragt ihn: „Wenn ich weiß, wie viele Schafe hier sind, darf ich mir dann ein Schaf mitnehmen?". Der Hirte ist von diesem Vorschlag völlig überrascht, stimmt aber zu. Der junge Mann zieht einen großen, superflachen Laptop heraus und verbindet sich live mit einem Erdbeobachtungs- satelliten. Dann startet er eine Bildverarbeitungs-Software und ein statistisches Analyseprogramm. „Sie haben exakt 297 Schafe!" Der Hirte nickt nur und der junge Mann packt ein Tier und setzt es auf den Beifahrersitz. Nach einer kurzen Denkpause macht ihm der Hirte einen Vorschlag: „Wenn ich Ihren Beruf errate, werde ich dann mein Tier zurück bekommen". Der junge Mann stimmt nickend zu. "Sie müssen ein Unternehmensberater sein," sagt der Hirte und lacht laut. Der Berater wundert sich und fragt den Schäfer, woher er das weiß. „Es ist doch offensichtlich! Zuerst hat keiner Sie gerufen und dann sagen Sie mir Sachen, die ich seit langem weiß. Und zu guter Letzt wissen Sie nicht einmal genau, wie ein Schaf ausschaut. So und jetzt möchte ich Sie bitten, mir meinen Schäferhund zurückzugeben!"

## Selbstsuggestion

Zwei Mädchen reden miteinander über Weihnachten. Da fragt das eine Mädchen: „Sag mal, wieso bekommst du eigentlich immer genau das zu Weihnachten, was du dir wünschst?" – „Ganz einfach: Zwei Wochen vor Weihnachten beginne ich im Schlaf zu sprechen!"

## Adventsgespräch

Beim Abendessen am 3. Advent sprechen die Eltern mit der fünfjährigen Tochter und dem sechsjährigen Sohn über Weihnachten und die Geschenke. Da ja auch die Eltern ein Geschenk bekommen sollen, erkundigen sich die Kinder nach deren Wünschen. Die Mutter meint: „Wir wünschen uns zwei ganz brave Kinder!" Die beiden Geschwister rufen begeistert: „Juhee! Da sind wir ja dann zu viert!"

## Schulunterricht

Die Lehrerin fragt ihre Schüler: „Stimmt es, dass alle Lebewesen, die Flügel haben, Eier legen?" Jonas antwortet: „Nein, Weihnachtsengel legen keine Eier! Die bringt bei uns der Osterhase!"

## Aua!

Kurz nach der Geburt im Stall von Betlehem. Josef kommt von draussen rein, stösst sich den Kopf am Türbalken und stöhnt: „Jessas nochmal!" Eine dünne weibliche Stimme von drinnen: „Wäre eigentlich ein schöner Name für unser Kind."

## Versteck

Die Mutter ruft Tommy zu: „Weißt du, wo ich die Dose mit den Weihnachtskeksen hingetan habe?" Tommy beruhigt sie: „Ja! Hinten oben in der......." „Schon gut", unterbricht ihn die Mutter. „Dann muss ich wohl einen anderen Platz dafür finden!"

## Diagnose

Was hat Santa Claus, wenn er im Kamin steckenbleibt? Antwort: „Claustrophobie!"

## Grobian?

Wie nennt man einen Hirten, der seine Schafe verprügelt? „Mähdrescher!"

## Glück im Unglück

Genau zu Weihnachten wurde Meiers Kind geboren. Am ersten Geburtstag war sein erstes Wort „Opa." Jeder war erstaunt, aber... in den nächsten Tagen starb der Opa. Ein ganzes Jahr schwieg das Kind wieder und nächstes Weihnachten sagte es: „Oma" ... und in der gleichen Woche starb die Oma. Als das nächste Weihnachten kam und das Kind „Papa," sagte, wurde es dem Vater mulmig. Sein erster Arbeitstag nach Weihnachten: Er fuhr im Schneckentempo zur Arbeit und achtete auf jede mögliche Gefahr. Aber alles ging gut. Wieder zu Hause sagt seine Frau: „Stell dir vor, wer heute gestorben ist: der Postbote."

## Bäckerei

In der Adventszeit kommt ein korpulenter Mann in eine Bäckerei." Ich möchte gern Rumkugeln!" Die Bäckerin antwortet bestimmt: „Aber sicher nicht in meinem Laden!"


## Korrektur!

„Mama, Mama – der Weihnachtsbaum brennt!" Die Mama: Das heisst, der Weihnachtsbaum leuchtet!" Die Kleine: Guck mal, jetzt leuchtet die Gardine auch!"


## Heilig Abend im Meer

Von wem bekommen kleine Haie zu Weihnachten die Geschenke?
Antwort: „Vom Hainachtsmann!"

## Selbstgespräch

Der kleine Nils denkt laut vor sich hin: „Dieses Jahr bekomme ich wahrscheinlich extra viele Geschenke zu Weihnachten! Keiner war so artig wie ich: eigen-artig, un-artig, ab-artig, bös-artig....!"

## Beamtenwitz

Was ist das ideale Weihnachtsgeschenk für ein Beamtenbüro?
Antwort: „Ein Bewegungsmelder!"

## Tochter und Mutter

Nils bekommt von seiner Oma eine Wasserspritzpistole geschenkt und rennt damit ins Badezimmer. Nils Mutter ist entsetzt und sagt zur Oma: „Weißt du eigentlich nicht mehr, wie viel Ärger wir dir mit diesen Dingern gemacht haben?" Die Oma zu ihrer Tochter: " Aber sicher, das weiss ich noch sehr genau!"

## Die heiligen drei Königinnen

Was wäre geschehen, wenn die heiligen drei Könige, heilige Königinnen gewesen wären?

Sie hätten...

- einfach nach dem Weg gefragt.
- wären rechtzeitig gekommen.
- bei der Geburt geholfen.
- den Stall sauber gemacht.
- nützliche Geschenke gebracht.
- und auch was zu essen.

Und was hätten Sie nach der Abreise gesagt?

-Seht ihr was Maria für Sandalen trägt?

-Jungfrau, das ich nicht lache!

-Ich kenne  Maria noch von der Uni!

-Der Kleine sieht Josef aber nicht ähnlich!

-Ist Josef nicht arbeitslos?

-Wie halten die das nur, mit all den Tieren im Haus aus?

## Nächstenliebe

Eine Gruppe von Männern sitzt in der Adventszeit zusammen in der Sauna, als plötzlich ein Handy klingelt. Einer der Männer greift zum Handy und antwortet: „Hallo?" Die Frau: „Schatz bist du das? Und was sind das denn für Geräusche? Bist du in der Sauna?" – „Ja." – „Schatz, ich stehe hier gerade beim Juwelierstand am Weihnachtsmarkt und die haben hier das Diamant-Kollier was ich schon immer haben wollte. Kann ich mir das bitte, bitte, bitte kaufen? Es ist auch wirklich preiswert. Es kostet kaum mehr als 20.000 Euro!" – „Wie viel mehr?" – „Na ja, so knapp 30.000 Euro." – „Na gut. Ausnahmsweise. Aber bezahle auf gar keinen Fall mehr als diese 30.000.- Euro. Verstanden?" – „Das ist aber wirklich lieb von dir. Ach Schatzi, weil wir schon gerade dabei sind. Auf dem Weg bin ich gerade bei unserem BMW-Händler vorbei gekommen. Gerade jetzt wird da mein

Traumauto zum günstigen Weihnachts-Preis angeboten! Genau mit der Ausstattung und in der Farbe, die ich immer schon so gerne wollte. Er würde mir das Auto zum Sonderpreis von nur 70.000 Euro überlassen. Bitte, bitte Schatzi, kann ich das kaufen?" – „Na gut, aber versuch den Preis noch auf 65.000.- Euro runter zu handeln. Ok?" In diesem Moment kam ihr in den Sinn, dass heute ihr Glückstag war und sie hakte sofort nach. „Schatz, du weißt doch, dass ich es gerne hätte wenn meine Mutter bei uns leben würde. Ich weiß ja, dass du das nicht möchtest, aber bald ist Weihnachten. Es wäre doch ein schöner Anlass und ein wichtiger Akt der Nächstenliebe, wenn wir meiner Mutter einen Platz in unserer Herberge anbieten! Könnten wir nicht mal für 3 Monate einen Versuch starten? Wenn es nicht funktioniert, kannst du doch immer noch Nein sagen. Was denkst du darüber?" - "Na gut mein Schatz. Lass es uns einmal

versuchen. Aber wenn es nicht klappt …" -
"Ich danke dir mein Schatz. Ich liebe dich
über alles. Freue mich sehr darauf, dich
heute Abend zu sehen." – „Ich auch, mein
Schatz, bis später dann." Der Mann legt
auf und blickt fragend in die Runde: "Weiss
irgend jemand, wem das Handy gehört?"

## Zollkontrolle

An der Grenze, ein Mann im Nikolaus-
kostüm fährt mit dem Fahrrad vor, auf
dem Gepäckträger einen Sack. Zöllner:
„Haben Sie etwas zu verzollen?" Mann:
„Nein." Zöllner: „Und was haben Sie in
dem Sack?" Mann: „Mandarinen, Nüsse
und selbstgebackene Kekse."
Bei der Kontrolle stellt sich heraus:
tatsächlich ist der Sack voller Mandarinen,
Nüsse und Kekse. Eine ganze Woche lang
kommt jeden Tag der Mann als Nikolaus
verkleidet mit dem Fahrrad und dem Sack
auf dem Gepäckträger. Am achten Tag

wird`s dem Zöllner doch verdächtig:

Zöllner: "Was haben Sie im Sack?"

Nikolaus: „Wie immer: Mandarinen, Nüsse und selbstgebackene Kekse. "

Zöllner: „Hm, mal sehen ..." Der ganze Inhalt wird nun von den Zollbeamten während der Pausenzeit verspeist, aber auch dabei wird gar nichts Verdächtiges gefunden. Der Mann fährt nun mit seinem Sack weiterhin jeden Tag durch den Zoll. Kurz vor Weihnachten hält es der Zöllner nicht mehr aus und fragt: „Also, ich gebe es Ihnen schriftlich, dass ich nichts verrate, aber Sie schmuggeln doch etwas. Sagen Sie mir bitte, was!" Der Mann: "Fahrräder!"

## Kriminell

Woher kennt der Weihnachtsmann die Wünsche aller Kinder?

Antwort: „Er hat Amazon gehackt!"

## Häkeln

Warum können Weihnachtsbäume nicht gut häkeln? Antwort: „Nach einer gewissen Zeit lassen sie immer die Nadeln fallen!"

## Herkunft

Und Papa, wo kommt der Weihnachtsmann her? „Den Geschenken nach zu urteilen aus China."

## Mahnung!

Weißt du, warum der Weihnachtsmann seine Rechnungen nicht bezahlt? Antwort: Alle seine Konten sind eingefroren.

## Tarzan

Welches ist Tarzans liebstes Weihnachtslied? „Jungle Bells!"

## Weihnachtsfrau

Wieso kann der Weihnachtsmann nicht auch eine Weihnachtsfrau sein? Antwort: „Keine Frau würde jedes Jahr die gleiche Kleidung tragen!"


## Tz,tz,tz

Helmut: „Kennst du ein Wort, in dem dreimal „tz" drin vorkommt?"
Hansi: „Nee!"
Helmut: „Aber ich: „Atzventzkrantz!"
Hansi: „Ha, ich kenne ein Wort, in dem viermal „tz" vorkommt!"
Helmut: „Echt?"
Hansi: „Ja: Atzventzkrantzkertze"!


## Angst

Wie heisst die Krankheit, bei der Menschen Angst vor dem Nikolaus haben? „Klaustrophobie!"

## Erkenntnis

Ein Papa resümiert: „Ich weiß jetzt, warum Weihnachten in meiner Kindheit so schön war. Ich mußte die Geschenke nicht bezahlen!"

## Überraschung

Die Familie sitzt zum jährlichen Weihnachtssingen ums Klavier herum. Da klingelt es an der Tür. „Guten Abend, ich bin der Klavierstimmer!" Der Vater ist erstaunt: „Aber wir haben doch gar keinen Klavierstimmer bestellt!" „Richtig, das soll ja auch eine Überraschung sein. Ich bin das Weihnachtsgeschenk von Ihren Nachbarn!"

## Allgemeinwissen

Welches Weihnachtslied lieben junge Eltern? -Stille Nacht!

## Besuch

Zum Weihnachtsbesuch: „Wie lange wollt Ihr eigentlich noch bleiben?" Besuch: Nur so lange, bis wir dir auf die Nerven gehen!" „Was, nur so kurz?!!!"

## Telefonanruf

Der Weihnachtsmann nimmt das Telefon ab: „Lieber Weihnachtsmann, ich möchte Ihnen mitteilen, dass mein Sohn immer brav war, gute Schulnoten hatte und daher ganz viele Geschenke bekommen muss!" Der Weihnachtsmann: „Wer ist denn am Telefon?" „Mein Vater!"

## Wunsch

Die Mama Floh zu ihrem kleinen Sohn: „Was wünschst du dir denn zu Weih-nachten?" „Einen Hund, für mich allein!"

## Einkauf

Der Verkäufer: „Na junger Mann, was darf es denn sein?"„Ich will meinem Vater ein Hemd zu Weihnachten kaufen. So eines, wie ich trage? Der kleine Junge: „Nein, ein sauberes bitte!"

## Scherben bringen Glück

Zu Besuch bei der Oma an Heiligabend stösst Julian eine Vase um, die gleich in tausend Stücke zerspringt. Der Vater erschrocken: „Julian – die Vase stammte aus dem 18. Jahrhundert!" Julian ist beruhigt: Da habe ich ja nochmals Glück gehabt, ich dachte schon sie sei neu!"

## Ende

Womit endet der Heilige Abend?
Antwort: „Mit einem „D"

## Nachwort

Witze sind oft der Zündstoff für gute Laune und dienen durch das Lachen und das Schmunzeln der Entspannung und Unterhaltung. Sie können so zu einem heiteren Weihnachtsfest verhelfen, denn gemeinsames Lachen hilft sich zu öffnen, verbindet Menschen unterschiedlicher Herkunft, Alter und Glauben miteinander und ist somit der Türöffner für das Fest der Liebe! Sie können das Büchlein aber auch wunderbar alleine nutzen, um sich zu amüsieren und zu entspannen. Denn gerade in der hektischen Adventszeit geht so manchen das Lachen verloren oder es bleibt schnell einmal im Halse stecken. Nehmen Sie sich daher Zeit, ihre Lachmuskeln bewusst zu ölen! Warum sollte ausgerechnet beim Spass und der Gesundheit gespart werden, wenn alle anderen Muskeln beim Sport und im Fitnessstudio trainiert werden? Denn über 200 Muskeln werden alleine beim Lachen gelöst. 2 Minuten Lachen entsprechen einem 20 minütigen Herzkreislauftraining am Rudergerät! Die Durchblutung wird beim Lachen gefördert, was uns gerade in der kalten Jahreszeit warme Hände beschert! Das Zwerchfell massiert die inneren Organe, die Sauerstoffzufuhr wird auf das Dreifache erhöht, was die Atmung vertieft und für mehr Gelassenheit sorgt. Die Stimmung erhellt sich durch die Aktivierung von Glückshormonen und körpereigenen Opiaten wie Serotonin und Dopamin. Lachen ist gesund und vielleicht die beste Medizin, die nichts kostet und nur positive Nebenwirkungen hat!!!

Witze können Türöffner sein, um dieses unglaubliche Potential zu aktivieren. Sie ersetzen jedoch weder eine ärztliche Behandlung, noch ein Lachtraining, welches gezielt die Lachmuskeln ölt und

Körper, Geist und Seele ganzheitlich harmonisiert und nachhaltig stärkt!

Lachen ist letztendlich ein Reflex, der uns ermöglicht, Spannungen aufzulösen. Der Lachreflex wird durch Unsicherheiten, Scham, Ängste, aus Zustimmung, Überlegenheit, zur Kontaktaufnahme und Kommunikation, als Selbstheilungsmechanismus im Sinne einer Ventilfunktion, aus einer Konditionierung, Gewohnheit oder aus purer Freude ausgelöst..., die Auslöser sind vielfältig und vielschichtig und geschehen meist unbewusst. Daher ist Lachen etwas persönliches, individuelles, das aus der Persönlichkeit eines Menschen, seines Umfeldes, der jeweiligen Situation, des Kontextes und der anwesenden Personen entspringt.

Beobachten Sie im Alltag wann und über was Sie lachen. Von wem lassen Sie sich anstecken? Was finden Sie lustig? Sie werden beim Lesen der Witze schnell merken, dass Sie längst nicht jeden Witz in diesem Büchlein witzig finden! Beim Witze erzählen oder vorlesen werden Sie auch beobachten, dass selbst ihr Lieblingswitz beim Gegenüber nicht zwingend ein Lachen erzeugt, sondern genauso ein Stirnrunzeln auslösen kann. Wenn Sie beim Gegenüber ein Lachen auslösen wollen, kann es schon schwierig werden, da der Empfänger die Erwartung dahinter spürt, was einer entspannten Atmosphäre eher im Wege steht. Ein entspanntes Umfeld und eine ungezwungene Atmosphäre helfen gerade mit fremden Menschen, die Lachbereitschaft zu erhöhen. Denn beim Lachen schaltet das Denken aus. Man gibt die Kontrolle auf, lässt los und macht sich so auch verletzlich. Kein Wunder lachen wir am meisten und einfachsten mit vertrauten Menschen mit denen wir uns sicher fühlen. Das Wissen um deren Vorlieben, Stärken und Schwächen hilft auch schneller den geeigneten Witz zu finden. Wenn Sie Witze vortragen wollen, wählen Sie Witze aus, über die Sie selbst lachen können und dessen Themen dem entsprechenden Publikum bekannt sind.

Beim Witze erzählen kommt es oft nicht mal auf den Witz selbst an, vielmehr darauf, wie er vorgetragen wird! Ein guter Witz kann schlecht erzählt werden, dass er keine Lacher generiert. Lustig erzählt kann wiederum auch ein eher flacher Witz erfolgreich sein. Pflegen Sie Augenkontakt mit Ihren Zuhörern und nutzen Sie Gestik und Mimik um den Witz emotionaler, lebendiger zu machen! Witze dürfen Sie im körperlichen wie im sprachlichen Ausdruck auch richtig übertreiben. Lernen Sie die Witze auswendig, damit Sie diese frei vortragen können. Vermeiden Sie Ankündigungen und halten Sie sich kurz und knackig! Bauen Sie die Spannung bis zur Pointe auf und vermeiden Sie danach nochmals den Witz und Inhalt zu erklären.

Am Weihnachtsfest selbst kann das Büchlein im Kreis herum gegeben werden und jeder kann z.B einen Witz daraus vorlesen. Die Witze können auch allein oder mit mehreren Personen gespielt werden. Dazu brauchen Sie keine schauspielerischen Talente. Je spontaner und banaler, desto lustiger wird`s! Sie können sich auch alle auf den Boden legen, um sich ganz den vorgetragenen Witzen zu widmen und sich dabei lachend zu entspannen....

Ich wünsche Ihnen viel Spass beim Lesen und eine heitere und fröhliche Advents- und Weihnachtszeit

*Christian Hablützel*

# Weitere Werke von Christian Hablützel

Huplö lala düsel Fnurz - Ein Lesebuch in Gibberish
ISBN 978-3-9524673-1-2

Von Dada bis Gaga  –  Fuhlo Wackelart
(Pseudonym) ISBN 978-3-9524673-0-5

De Samichlaus findet`s en Hit:
dass es au Versli für Schmutzli und Esel git!
ISBN  978-3848229956

Geschichten Lachen  - für Lachyoga Trainer
ISBN 978-3738605303

CD Album „Miau"  -  Fredy Chnorz  (Pseudonym)
Schmunzelpop mit 15 Songs


Wenn Sie sich was Gutes tun wollen, um weniger
Stress und mehr Heiterkeit in Ihr Leben einzuladen.
Oder wenn Sie wissen möchten, wie Sie sich
jederzeit in gute Gefühle bringen und lernen wollen
über sich selbst zu lachen, um auch schwierige
Situationen mit Gelassenheit zu meistern,  dann
empfehle ich Ihnen ein Lachseminar zu besuchen!!!


Weitere Infos & Kontakt:
www.lachdichgesund.com / www.ch-kunst.ch